Lb 49. 188.

OBSERVATIONS

RELATIVES

AU PROJET DE LOI

SUR LA

DETTE PUBLIQUE ET L'AMORTISSEMENT;

Présenté à la Chambre des Députés, le 3 janvier 1825; à l'Exposé des motifs du Projet; au Rapport fait au nom de la Commission, le 17 février, par M. HUERNE DE POMMEUSE.

SUIVI

D'un projet de Loi, ayant pour objet de diminuer la masse des rentes dues par l'Etat et d'amener la baisse générale dans l'intérêt.

Par M. le V.te DE PRUNELÉ, ancien Député, (Membre de la Chambre de 1814.)

La première partie de cet Écrit devait être insérée dans la Quotidienne lors de la discussion de la Chambre des Députés. La longueur de l'article et l'abondance des matières ont empêché qu'elle trouvât place dans cet estimable Journal.

C'est une tâche difficile que d'examiner ce qui est écrit au nom ou sous l'influence du ministère, dans l'affaire des rentes. L'ivraie s'y trouve tellement mêlée avec le bon grain, l'erreur et la vérité y marchent sur deux lignes tellement parallèles, elles portent des couleurs qui ont tant d'analogie et semblent au premier coup-d'œil tellement d'accord entre elles, que, sous l'égide de la vérité, sa mortelle ennemie s'y trouve constamment appelée à faire entendre sa voie fallacieuse.

---
* Cet écrit se trouve chez Delaunay, libraire, au Palais-Royal.

Si l'on nous accusait d'imaginer un mode d'argumentation qui semblerait ne pas pouvoir exister, nous rappellerions la manière dont J.-J. Rousseau écrivait sur les points de morale et de religion.

Jetons d'abord un coup d'œil sur l'exposé des motifs du projet de loi ; le Ministre commence par repousser l'idée de prendre à la caisse d'amortissement les 30 millions de rentes nécessaires pour faire face à l'indemnité, et d'après le premier article du projet, aucunes portions des rentes acquises par cette caisse ne pourraient être « distraites de leur affectation au rachat de la dette publique, » avant le 22 juin 1830.

Nous pensons avec S. Exc. que les contribuables, les rentiers, les indemnisés ont un grand intérêt à la conservation du crédit; nous savons que le crédit est inquiet par nature, et nous craindrions qu'il y eût du danger à prendre sur la caisse d'amortissement les 30 millions de rentes destinés à l'indemnité, mais nous ne croirions nullement dangereux d'y faire contribuer cette caisse, pour six millions de rente, par exemple. Cette idée n'étant pas conciliable avec l'art. 1.er du projet du loi, nous sommes contre cet article.

D'après l'art. 2, les rentes qui seront acquises par la caisse d'amortissement, à dater du 22 juin 1825, devront être annullées au profit de l'état. On ne peut qu'applaudir à cette disposition. Toutes les fois que le ministere aura le moyen de soulager les contribuables, ce sera un devoir pour lui d'en saisir l'occasion.

« Par l'art. 3, est-il dit dans l'exposé des motifs nous proposons de déterminer, qu'après l'écoulement des rentes « créées pour le paiement de créances arriérées, dont le der» nier terme doit être livré le 22 mars prochain, il sera interdit « à la caisse d'amortissement de racheter les fonds publics dont le cours serait supérieur au pair.

La première pensée en lisant ce que nous venons de transcrire, est qu'après le 22 mars la caisse d'amortissement n'acheterait plus de rente, au-dessus du denier 20, et l'on était porté à conclure de cette disposition, que lorsque la rente excéderait le pair de cent francs *pour cinq*, la caisse d'amortissement agirait par remboursement, ou que, restant *alors* simple spectatrice du cours de la rente, les fonds journaliers dont elle dispose receraient une autre destination, sauf à la caisse à reprendre ses achats au moment où la rente serait redescendue au pair ou au-dessous du pair de *cent pour cinq.*

Point du tout ; comme l'article 4 du nouveau projet fait revivre la principale disposition de celui rejeté l'année dernière, disposition au moyen de laquelle les porteurs d'inscriptions à cinq pour cent auront la faculté d'en requérir la conversion en inscription à trois pour cent, au taux de 75 fr. : il résulterait de son adoption, que la caisse d'amortissement à laquelle il serait interdit d'acheter *cinq francs* de rente, plus chers que cent francs, lorsque les cinq francs porteraient le nom de cinq pour cent, pourrait payer la même rente 130, 140, 150 et jusqu'à 166 fr., du moment que le nom de cinq pour cent aurait été métamorphosé en celui de trois pour cent.

Mais la caisse d'amortissement, c'est la masse des contribuables. Ces derniers auraient donc, en définitive, à payer un capital que l'Etat ne doit point, mais dont on veut le reconnaître débiteur.

Nous lisons, dans le rapport de M. de Pommeuse, que la commission regrettait le sacrifice de l'augmentation de capital ; qu'elle aurait voulu des conditions moins dures. Ceci nous reporte à la plus grande question qui ait été agitée dans la discussion de l'année dernière.

D'une part, on reprochait au plan du Ministre de reconnaître l'Etat débiteur d'un énorme capital que la France ne doit véritablement pas. Les défenseurs du projet ne pouvant se refuser à l'évidence de l'allégation, présentaient l'Etat comme plus qu'indemnisé par un dégrèvement qu'on annonçait sans trop le promettre.

Cette année les mêmes attaques se renouvellant, les mêmes défenses se reproduisent. Nous lisons dans le rapport de M. de Pommeuse :

« La réussite complète de l'opération procurerait aux contri-
» buables un dégrèvement d'environ trente millions laissés en
» majeure partie à l'agriculture en souffrance (1), et employés

---

(1) Sans doute l'agriculture est en souffrance, mais un dégrèvement même notable ne suffirait point pour la tirer de la triste situation dans laquelle on la laisse languir, dans laquelle les opérations

» d'année en année à améliorer, à perfectionner, à féconder,
» augmenteront la fortune publique dans une proportion bien
» autrement rapide que celle de l'intérêt composé. Voilà déjà un
» heureux résultat ; cependant c'est aux yeux de votre commis-
» sion le moins important. Dans son opinion, l'effet le plus sa-
» lutaire de l'adoption de la loi, sera l'abaissement général du
» taux de l'intérêt, qui devient la conséquence nécessaire, forcée
» de la réduction de la rente. »

Discutons les principales idées contenues dans ce paragraphe.
— Dans quelques circonstances sans doute, des capitaux laissés entre les mains d'un agriculteur habile et possesseur d'un sol favorable, peuvent accroître sa prospérité dans une plus forte proportion que les mêmes capitaux, dont on placerait les intérêts, et les intérêts des intérêts à mesure qu'ils rentreraient à leur propriétaire, mais cela n'arriverait que fort rarement.

Nous sommes loin de révoquer en doute les avantages d'un dégrèvement; il produirait un peu d'aisance ou de soulagement dans chaque famille, mais il n'augmenterait pas la prospérité *d'un contribuable sur dix mille*, dans le rapport de l'intérêt composé, et ne compenserait point l'augmentation de sacrifice que la masse des contribuables serait obligée de faire pour fournir à la caisse d'amortissement les moyens d'anéantir l'augmentation de capital dont on veut de gaîté de cœur surcharger l'Etat.

Qu'on cesse de nous parler d'intérêt composé uni au dégrèvement. Si l'on veut que l'économie qu'obtiendrait l'Etat sur le service de ses rentes, vienne, avec l'aide d'un intérêt composé, faire face au surcroît de capital dont on se reconnaîtrait débiteur; il faudrait verser annuellement cette économie toute entière à la caisse d'amortissement; elle en accroîtrait l'action avec toute la puissance de l'intérêt composé; elle dirigerait rapidement les trois pour cent vers le nouveau pair de cent pour trois. Mais dans ce cas ne présentez plus aux contribuables *l'illusion d'un dégrèvement*; ne cherchez plus à vous en faire des auxiliaires en leur offrant des espérances trompeuses.

---

de bourse pourront bien la plonger de plus en plus. L'état de l'agriculture demanderait que le Gouvernement s'en occupât avec une sollicitude toute particulière. Mais ce serait sortir du sujet qui nous occupe, que de rechercher les causes et indiquer des remèdes à des maux qu'il ne suffit pas de plaindre, mais qu'il faudrait adoucir.

Veut-on, au contraire, faire servir franchement, sincèrement, l'économie qu'on obtiendrait sur les rentes, à diminuer les impôts? Il faut cesser de présenter au public *l'illusion de l'intérêt composé*, comme devant compenser, et même avec avantage, l'excédent du capital dont l'Etat se reconnaîtrait bénévolement débiteur.

Voyons maintenant si l'adoption du projet de loi aurait pour effet, comme on l'annonce, l'abaissement général du taux de l'intérêt.

Qu'est-ce qui fait baisser le taux d'une marchandise quelconque? C'est lorsque la masse des demandes faites par ceux qui ont besoin de s'en procurer, se trouve inférieure à la masse des offres de ceux qui voudraient s'en défaire. Appliquons ce principe que personne ne contestera aux relations qui s'établissent entre les prêteurs et les emprunteurs.

Nous ignorons à quelle somme moyenne on peut arbitrer ce que les besoins de toute nature engagent annuellement à emprunter en France. Supposons que ce soit un milliard : le taux de l'intérêt tendra vers la baisse, si l'ensemble de ceux qui désirent prêter leurs fonds réunit *un milliard cinquante millions* destinés à cet objet. Le taux de l'intérêt s'élèvera au contraire, si la masse de ceux qui désirent placer des capitaux *ne réunit que neuf cent cinquante millions*.

Mais l'intérêt s'élèvera sur-tout, si des circonstances quelconques engagent les possesseurs de capitaux considérables à les conserver dans leurs caisses au lieu de les prêter. Or, lorsque les gouvernemens font sur les effets qui représentent leurs dettes, des opérations de nature à stimuler l'avidité des capitalistes grands ou petits, l'effet de ces opérations est de déterminer les spéculateurs à retirer du courant des affaires entre particuliers, tous les capitaux qu'ils croient pouvoir employer aux jeux de la bourse. C'est ce que nous verrions arriver, si le projet que nous examinons était converti en loi.

L'avidité qui caractérise l'époque actuelle, est sans cesse occupée à se procurer avec un capital donné d'énormes bénéfices, ce qui tend à élever ou à maintenir le plus élevé possible le taux de l'intérêt. Prétendre obtenir un résultat contraire, en donnant de nouveaux alimens à l'avidité, c'est se conduire comme un homme qui prétendrait employer de l'huile pour éteindre un incendie.

Quoi! vous prétendez faire baisser le taux auquel les manufacturiers, les commerçans, les propriétaires pourront désormais emprunter, en disant à tous les possesseurs de rente ou à tous ceux qui voudraient le devenir : nous voulons réduire le taux de l'intérêt, aidez-nous et vous vous en trouverez bien. Vous gagnerez en capital bien plus que vous ne perdrez en revenu : le mot ne fait rien à la chose ; c'est de l'argent qu'il vous faut, vous en aurez. Mais, chut, ne révélez point notre secret aux bonnes gens qui seraient disposés à se laisser persuader par nos belles paroles, et qui iraient prêter leur argent à bas prix au commerce ou à l'agriculture, tandis qu'en entrant dans la noble carrière de l'agiotage ils pourront se faire de petits bénéfices de douze ou quinze pour cent par an, et peut-être bien plus. Faisons passer la loi ; puis s'il se trouve quelques exemples de prêts à modique intérêt, nous les citerons. Si l'intérêt reste généralement au taux actuel, nous dirons qu'il est ennemi du gouvernement, *qu'il est du parti libéral*. Nous aurons gagné des millions, et nous nous moquerons du reste.

Nous pouvons dire, avec vérité, qu'un langage analogue à celui que nous venons de supposer, est en général l'expression de la pensée des capitalistes, toujours prêts à surprendre la religion d'un Ministre des finances.

Occupés d'entasser richesses sur richesses, le bien de l'Etat les intéresse peu, mais ils sont ingénieux à trouver des combinaisons qu'ils puissent présenter comme favorables au pays. Ils ne se sont point considérés comme battus par l'échec de l'année dernière, et n'ont rien négligé sans doute pour continuer à fasciner les yeux du Ministre, et lui présenter son honneur, sa gloire comme intéressés à faire passer cette année, à l'aide de modifications qui semblent adoucir un peu le sort des rentiers, ce que l'intérêt de la morale publique, l'intérêt des contribuables, réprouvait et réprouve encore.

- Ah ! l'honneur, la gloire du Ministre, recevraient un nouvel éclat de la sincérité avec laquelle il abandonnerait une mesure qui, présentée avec d'apparens avantages pour la chose publique, l'aurait ébloui de manière à ne pas lui laisser apercevoir les intérêts de l'agiotage se dissimulant derrière ceux de l'Etat.

Nous nous unissons à M. de Castelbajac pour remercier comme il l'a fait dans la séance du 17 février, la Providence de la protection qu'elle a accordée à la France pendant les quatre années qui viennent de s'écouler, et nous félicitons M. de Villèle de ce qu'il a été l un des principaux agens que la Providence a daigné employer pour nous ramener de l'état d'agitation morale dans lequel nous étions il y a quatre ans encore, à l'état beaucoup plus calme dans lequel nous sommes aujourd'hui.

Mais parce qu'un homme, comme Député sur tout, et pourtant aussi comme Ministre, aurait rendu des services importans; parce qu'il aurait mérité, dans maintes circonstances, la reconnaissance et du monarque et des sujets; parce qu'il aurait préparé, dirigé même, la transition d'un règne à un autre, d'une manière inespérée, serait-ce une raison pour que la reconnaissance nationale vînt à se manifester à son égard, par l'adoption d'une loi contraire à la morale et à l'intérêt public, parce qu'elle a été proposée par lui? Nous ne le pensons pas.

Espérons que la discussion du projet de loi démontrera de la manière la plus palpable; que si l'on reconnaît l'Etat débiteur d'un capital plus considérable des deux tiers que ce qu'il doit réellement, et qu'on emploie en dégrèvement l'économie qu'on se propose d'obtenir sur le service des rentes, on reprendra plus aux contribuables, par la voie de la caisse d'amortissement, que ce dont on aurait diminué leurs charges.

Espérons que la discussion démontrera également que l'adoption de la loi n'amènerait nullement *l'abaissement général du taux de l'intérêt*, ni en faveur des particuliers, ni en faveur de l'Etat.

Certes, ce ne serait pas le moyen de faire trouver des fonds à bon marché aux particuliers, que d'augmenter les chances favorables aux agioteurs. Certes, ce ne serait pas un moyen pour l'Etat d'obtenir à bon marché le crédit des banquiers, que de les avoir accoutumés à d'énormes bénéfices; ces Messieurs savent fort bien apprécier le besoin qu'un gouvernement peut avoir d'eux. S'il survenait une guerre, ils ne seraient pas embarrassés de faire baisser le cours des rentes, et, par conséquent, de vous forcer à emprunter à un taux désavantageux. Le chiffre de votre rente ne ferait rien à la chose, et s'ils se trouvaient en mesure de vous obliger à leur livrer cinq francs de rente pour quatre-vingts francs, par exemple, ils ne vous donneraient que quarante-huit francs de vos trois pour cent.

Rappelons maintenant ce que M. le comte Roy a si bien démontré l'année dernière à la Chambre des Pairs, dans le discours qui fut un véritable coup de massue pour le projet du Ministre.

C'est que la conversion des cinq pour cent en quatre pour cent, devant procurer à l'Etat une économie annuelle de 28 millions ; en employant, pour obtenir ce résultat, la forme d'une conversion en trois pour cent, *laquelle serait fictive*, puisqu'on les donnerait à 75 fr., on priverait l'Etat de l'expectative d'une nouvelle économie annuelle de quatorze autres millions par an, dans le cas où la prospérité ultérieure de la France ferait descendre l'intérêt à trois et demi, et que l'abandon de l'expectative serait de 28 millions, si l'accroissement de la prospérité devait amener à trois pour cent le véritable taux de l'intérêt.

Certes, rien n'est plus contraire aux intérêts du pays, que l'abandon gratuit, ou plutôt l'abandon *cherement payé* de cette expectative.

Nous croyons avoir démontré que la conversion des *cinq en trois pour cent*, livrés à 75 fr., amenerait des résultats opposés à ceux qu'on en attend.

Espérons que la discussion fera ressortir cette vérité, et que le Ministre, frappé de son évidence, heureux d'être averti avant d'attacher son nom à un mode d'opérer qui nous laisserait de longs et de fâcheux souvenirs, trouvera d'autres moyens de faire servir l'influence du Gouvernement à la baisse générale du taux de l'intérêt.

Quelques membres de l'une ou l'autre Chambre pourraient peut-être se croire en quelque sorte obligés d'adopter le projet de loi sur la dette publique et l'amortissement, s'ils avaient voté en faveur de la loi d'indemnité : rappelons leur que M. le président du Conseil a déclaré dans la séance du 16 février, « que les » deux projets sont indépendans l'un de l'autre, et que le vote » du premier n'emporte pas nécessairement le vote du second ; » ce qui veut dire, en d'autres termes, qu'indépendamment de la loi sur la dette publique et l'amortissement, le Gouvernement aurait le moyen d'exécuter celle d'indemnité.

Rassurons aussi les semi-ministériels sur les conséquences d'un vote négatif. Un noble Pair, M. Pasquier, avait l'année dernière annoncé à ses collegues qu'ils pouvaient rejeter la loi des rentes sans renverser le Ministère : la prophétie s'est accomplie à la lettre ; il en serait de même cette année.

C'est quelque chose que les Pairs de France, que les Députés des départemens puissent désormais obéir à leur conscience sans être tourmentés par la crainte de nuire à leurs amis du Ministère ; c'est un grand pas vers la maniere dont il nous semble que nous devons entendre et faire marcher notre Gouvernement représentatif.

Mais si la discussion relative à la dette publique et à l'amortissement déterminait le Ministère à retirer le projet de loi ou s'il n'était point adopté par la Chambre des Pairs, le Gouvernement n'aurait-il absolument rien à faire ? ou bien se considérerait-il comme dans l'obligation de proposer d'autres mesures législatives ayant pour objet de diminuer la masse des rentes dues par l'Etat, et de favoriser la baisse générale du taux de l'intérêt ? Cette dernière opinion est la nôtre.

Il nous a paru qu'en proposant les mesures que nous pensons qu'on devrait prendre, sous la forme d'un projet de loi, nous nous ferions mieux comprendre. Mais avant d'arriver à la rédaction des articles, présentons quelques réflexions :

Le projet du Ministère avait semblé jeter un voile sur le sort des propriétaires d'inscriptions à cinq pour cent, qui ne requerraient pas leur conversion *en trois* ou en *quatre et demi* ; le rapporteur de la commission a soulevé ce voile, en disant que la discussion de l'ancien projet a laissé intact le principe du remboursement facultatif au pair.

La discussion la plus impartiale dont nous ayons eu connaissance sur cette importante et délicate question, se trouve dans un écrit publié en avril 1824, par M. le comte Florian de Kergorlay, pair de France (1). Laissons parler l'auteur :

« La légalité du remboursement forcé a été contestée.

» Ceux qui le considerent comme légal alleguent, à l'appui
» de leur opinion, l'article 1911 du Code civil, qui déclare que
» la rente constituée en perpétuel est essentiellement rachetable.
» Mais les adversaires de cette opinion ont montré combien
» manqueraient d'exactitude et d'équité l'assimilation de l'Etat
» débiteur à un débiteur ordinaire, et l'application rigoureuse

---

(1) Cet écrit, intitulé : *Des Projets de loi sur l'indemnité et sur la réduction des rentes*, se trouve à Paris chez Dentu, rue des Petits-Augustins, N.° 5.

» de la loi civile au profit de l'Etat, lorsqu'il n'a pas récipro-
» quement lui-même à en redouter la rigueur.

» L'article 1911 est en effet suivi (dans le même Code), des
» articles 1912 et 1913 : ceux-ci déterminent les cas ou le capi-
» tal de la rente perpétuelle devient exigible de la part du créan-
» cier. « Le débiteur d'une rente constituée en perpétuel peut
» (article 1912) être contraint au rachat : 1.° s'il cesse de rem-
» plir ses obligations pendant deux années ; 2.° s'il manque à
» fournir au prêteur les sûretés promises par le contrat. — Le
» capital de la rente constituée en perpétuel (article 1913) de-
» vient aussi exigible, eu cas de faillite ou de déconfiture du
» débiteur. »

» Aucun de ces cas n'étant susceptible d'aucune application
» envers l'Etat débiteur, l'équité serait assurément mal satisfaite
» si elle lui voyait faire un usage rigoureux de l'article 1911 en-
» vers des créanciers qui sont dépourvus de tout moyen de faire
» valoir envers lui les articles 1912 et 1913.

» Il ne faudrait donc pas dire : « L'Etat, débiteur de rentes
» perpétuelles, tire du Code civil son droit de les racheter ; »
» mais il y aurait lieu d'examiner seulement si les motifs qui
» firent admettre ce droit dans le Code civil, ne seraient pas
» applicables à l'Etat même, *avec les tempéramens que réclame-*
» *rait l'équité.*

» Sous ce nouveau point de vue, il faudrait bien sans doute
» convenir :

» Que quand un particulier use de son droit de racheter la
» rente perpétuelle dont il est débiteur, il ne cause généralement
» aucun dommage à son créancier, qui trouve facilement un
» placement équivalent de son capital ailleurs ;

Qu'alors même que des circonstances générales auraient fait
» baisser l'intérêt des capitaux, du moins le rentier, qui n'ob-
» tiendra qu'un moindre intérêt dans un nouveau placement,
» n'a pour cela nulle plainte à faire contre le débiteur qui le
» rembourse, ce débiteur n'ayant pu avoir aucune influence sur
» les circonstances générales qui ont amené la diminution inévi-
» table du revenu du rentier ;

» Qu'au contraire, l'Etat débiteur a d'immenses moyens de
» *créer lui même, ou d'accroître sans mesure* les circonstances
» qui font baisser l'intérêt des capitaux, et que lorsqu'il rem-

« bourse *subitement* des capitaux immenses, il prive, *par son*
» *propre fait*, les créanciers qu'il rembourse, de toute faculté de
» se procurer un revenu égal ailleurs ;

» Que depuis la consolidation des cinq pour cent, la persua-
» sion qu'aucun remboursement forcé des rentes consolidées
» n'était à craindre et ne serait même légal, était générale en
» France ; et que si cette persuasion était une erreur, toutefois
» le redressement de l'erreur commune exige toujours de grands
» ménagemens ;

» Que le plus naturel et le plus important de ces ménagemens
» serait de n'exécuter que peu à peu la mesure rigoureuse du
» remboursement forcé ; et que cet adoucissement serait l'effet
» naturel de la loyauté, qui ne voudrait y employer que les
» fonds réels et disponibles de l'Etat, et répugnerait à profiter
» de la fièvre de hausse pour y employer des capitaux fictifs. »

Aucune renonciation positive et formelle à la faculté de rembourser au pair les rentes dues par l'Etat, n'ayant eu lieu, nous nous rangeons à l'opinion de ceux qui en reconnaissent le droit au Gouvernement ; mais nous pensons aussi qu'il ne doit rien y avoir de rigoureux dans la manière dont ce droit serait exercé. Nous pensons aussi, avec le rapporteur de la commission, « que
» la réduction de la rente blesserait l'équité, si l'intérêt n'était
» pas réellement à moins de cinq pour cent en France. » Nous pensons, avec le Ministre, que la baisse générale du taux de l'intérêt serait un grand bien pour l'Etat, mais nous croyons avoir démontré que le moyen qu'il veut prendre serait loin d'atteindre, d'une manière durable, le but qu'il se propose.

Du reste, nous craindrions, comme Son Excellence, qu'une forte et subite diminution du fonds d'amortissement produisît des effets fâcheux sur le crédit ; mais nous croyons qu'une réduction modique de ce fond, n'aurait aucun inconvénient.

Dans l'exposé des motifs du projet de loi présenté en 1824, on trouve : « L'abondance des capitaux et le crédit de l'Etat sont
» tels, que nous pouvons emprunter *à quatre pour cent* en rentes
» constituées. »

Si l'on ne se faisait point d'illusion en présentant cette assertion, il n'y a nul doute que l'Etat, en ouvrant pour une somme indéterminée un emprunt à *quatre et demi pour cent*, ayant pour unique objet de rembourser des rentes à cinq, les fonds devraient abonder au trésor royal. S'il en était autrement, cela prouverait qu'on se serait trompé au Ministère, sur le véritable taux de l'intérêt de l'argent en France, et dès-lors il y aurait injustice envers les rentiers à diminuer l'intérêt qu'on leur paie.

PROJET DE LOI

AYANT POUR OBJET DE DIMINUER LA MASSE DES RENTES DUES PAR L'ÉTAT, ET D'AMENER LA BAISSE GÉNÉRALE DU TAUX DE L'INTÉRÊT.

TITRE PREMIER,

Relatif aux Rentes que l'État continuera provisoirement de payer à cinq pour cent.

ARTICLE PREMIER. Toutes les rentes dues par l'État aux communes, aux hospices, aux fabriques, etc., en un mot, aux établissemens publics quelconques, autres que la Caisse d'amortissement, continueront à être payées à cinq pour cent sans retenues, jusqu'à ce que toutes les autres rentes inscrites ou à inscrire sur le grand-livre de la dette publique, aient été réduites à un taux inférieur, et dans tous les cas, pendant dix années au moins, à partir du 22 septembre 1825.

ART. II. Les rentes sur l'État qui seront achetées jusques et compris le 21 septembre 1827, par les établissemens publics autres que la Caisse d'amortissement, seront également payées à cinq pour cent sans retenues, jusqu'au 22 septembre 1835.

ART. III. Il en sera de même des rentes dont les deux tiers ont été remboursés par la Convention, frauduleusement, et en valeurs dépréciées, lorsqu'elles seront encore dans les mains de ceux qui les possédaient alors, ou dans celles de leurs héritiers légataires ou donataires.

ART. IV. Il en sera de même des rentes de cinq cents francs et au-dessous possédées par un célibataire ou par un veuf de l'un ou l'autre sexe, lorsque cette rente sera son unique moyen d'existence.

Art. V. Il en sera de même des rentes de huit cents francs et au-dessous possédées par un ménage sans enfans à sa charge, lorsque cette rente sera son unique moyen d'existence.

Art. VI. Les veufs de l'un ou de l'autre sexe mentionnés dans l'art. IV, et les ménages mentionnés dans l'art. V, ayant des enfans, verront augmenter de deux cents francs par chaque enfant au-dessous de quinze ans, et *à leur charge*, la quotité de la rente dont le paiement intégral leur est garanti jusqu'au 22 septembre 1835.

Art. VII. Afin d'obtenir les exceptions favorables qui sont l'objet des trois articles précédens, les personnes qui y sont comprises feront la déclaration qu'elles n'ont pas d'autres moyens d'existence que leurs rentes sur l'Etat. Cette déclaration sera certifiée par cinq personnes notables ; savoir, à Paris et dans les grandes villes, par le maire, un adjoint, deux notaires et le commissaire de police. Dans les petites villes et les campagnes, par le juge-de-paix du canton, le maire, l'adjoint, et un membre du conseil municipal désigné par le préfet ; enfin, par un des notaires du canton aussi désigné par le préfet (1).

TITRE II.

Relatif à la conversion ou au remboursement des cinq pour cent, au moyen d'un emprunt qui sera ouvert à cet effet.

Art. VIII. Toutes les rentes dues par l'Etat, autres que celles mentionnées dans les précédens articles, seront réduites à quatre et demi pour cent, et inscrites sur un nouveau grand-livre de la dette publique, lorsque le gouvernement aura offert le rembour-

---

(1) Les ministériels s'élèveraient contre cet article. Ils prétendraient qu'il ferait passer l'administration dans les Chambres. Certes, les Chambres ne s'emparent pas du pouvoir administratif, en insérant dans les lois de finances, *les règles générales* d'après lesquelles l'administration doit se conduire, non plus qu'elles ne s'emparent du pouvoir judiciaire, en posant dans les lois civiles ou criminelles les principes d'après lesquels les Tribunaux et les Cours de justice doivent prononcer.

sement de leur capital au pair, aux propriétaires desdites rentes, et qu'ils auront opté pour la conversion de leur titre.

ART. IX. Les propriétaires de rentes sur l'État (non comprises dans les exceptions susmentionnées) qui sans attendre qu'on leur propose de les rembourser, préféreront la conversion de leur ancien titre, en un titre nouveau à quatre et demi pour cent, auront six mois pour se prononcer à cet égard. Ils seront garantis contre le remboursement jusqu'au 22 septembre 1835.

Les rentes qui seront converties en quatre et demi pour cent continueront à être payées à cinq comme par le passé, jusqu'au dernier jour du sémestre pendant lequel la conversion aura eu lieu.

ART X. Il sera ouvert par le Gouvernement, aussitôt après la promulgation de la présente loi, savoir, à Paris au trésor royal, et dans les départemens chez tous les receveurs-généraux et particuliers, en faveur de tous les possesseurs de capitaux grands et petits (et ce jusqu'à ce que la présente disposition soit révoquée par une loi, ou suspendue par une ordonnance), un emprunt à quatre et demi pour cent. Ne seront exceptés de la faculté d'y prendre part que les propriétaires de capitaux trop faibles pour leur procurer une inscription de dix francs de rente.

ART. XI. Tous les fonds qui, en vertu de l'article précédent, auront été prêtés à l'état, seront employés à rembourser les propriétaires d'inscriptions à cinq pour cent, auxquels l'option de réduire leur rente a 4 et demi ou de recevoir leur remboursement au pair, aurait été offerte et qui auraient préféré ce dernier parti.

Les propriétaires d'inscriptions à cinq pour cent qui n'auraient consenti à la conversion de leurs titres ou inscriptions à quatre et demi, qu'à l'époque où le remboursement leur aurait été offert, ne seront garantis contre une nouvelle proposition de remboursement que pour cinq ans à partir du 1.er jour du sémestre pendant lequel ils auront fait leur option.

ART. XII. Outre les garanties contre le remboursement de la part de l'état, promises par les articles 9 et 11, la présente loi garantit encore à tous les propriétaires des rentes qui seront inscrites sur le nouveau grand livre des quatre et demi pour cent, qu'ils n'auront point à opter de nouveau, entre le remboursement de leur capital et une diminution d'intérêt, jusqu'à ce que toutes les rentes à cinq pour cent, autres que celles mentionnées dans les six premiers articles de la présente loi, aient été remboursées, ou converties en quatre et demi pour cent.

TITRE III.

Dispositions relatives à l'amortissement des dettes de l'Etat.

Art. XIII. A partir du 22 septembre 1825, 24 millions, pris sur les 40 annuellement affectés à la caisse d'amortissement, seront spécialement destinés chaque année à soutenir le cours des trente millions de rente 3 pour cent, créés pour l'indemnité relative aux propriétés confisquées et vendues par les Gouvernemens de la révolution (1).

Art. XIV. Sur cette somme, douze millions seront annuellement employés à racheter au cours, tant qu'il restera au-dessous du pair, des rentes 3 pour cent, créées pour l'indemnité. Les rentes qui auront été acquises avec les douze millions et les intérêts d'icelles, continueront jusqu'à extinction à accroître le fond d'amortissement desdits trois pour cent, de manière qu'aucune rente trois pour cent achetée pour cet amortissement, ne pourra être rayée du grand-livre avant la fin de l'opération.

Les douze autres millions seront annuellement employés à opérer sur la même rente, par remboursement au pair, à raison de six millions par semestre (2).

Art. XV. Le premier remboursement qui sera effectué au 22 mars 1826, aura lieu sur les plus petites liquidations; le second, qui sera effectué au 22 septembre suivant, aura lieu par un tirage au sort sur toutes les liquidations inférieures à 30,000 francs de rentes; le troisième aura lieu comme le premier sur les plus petites liquidations; le quatrième remboursement sera effectué d'après les mêmes bases que le second et ainsi de suite.

---

(1) Nous supposons que le projet de loi relatif à l'indemnité aura été adopté par les deux Chambres, et sanctionné par le Roi.

(2) Il résulterait de cette double combinaison, qu'en trente années, ou environ, l'Etat se serait entièrement libéré de l'indemnité; que tous les indemnisés pressés de vendre l'auraient pu faire à un cours avantageux, et que tous ceux qui auraient pu garder auraient été remboursés intégralement.

ART. XVI. Les seize millions complément des quarante affectés annuellement à la dotation de la caisse d'amortissement continueront à être versés dans cette caisse jusqu'au 22 septembre 1835 au moins. La législature déterminera dans la session de 1834, si ou non ce complément de dotation continuera à avoir lieu passé l'époque qui vient d'être déterminée.

ART. XVII. Les rentes acquises par la caisse d'amortissement, depuis son établissement et celles qu'elle acquerra jusqu'au 22 septembre 1825, continueront à être affectées au rachat ou au remboursement de la dette publique, conformément à ce qui va être déterminé; sauf toutefois six millions de ces rentes qui seront rayées du grand-livre et serviront aux dépenses générales de l'État (1).

ART. XVIII. Les rentes qui seront acquises par la caisse d'amortissement depuis le 22 septembre 1825 jusqu'au 22 septembre 1826, seront rayées du grand-livre de la dette publique au fur et à mesure de leur rachat et annullées au profit de l'État ainsi que les coupons d'intérêts qui y seront attachés au moment où elles seront acquises.

Jusqu'à l'entière conversion des rentes cinq pour cent (autres que celles comprises dans les six premiers articles de la présente loi.) en rentes à quatre et demi pour cent, la législature déterminera chaque année si les rentes cinq pour cent et quatre et demi pour cent qui seront acquises par la caisse d'amortissement pendant l'année qui devra suivre, seront rayées du grand-livre, ou si elles accroîtront le fonds d'amortissement.

ART. XIX. Sur les 47 à 48 millions qui resteront à la caisse d'amortissement, après la distraction dont on a parlé à l'art. 13, et l'annulation des six millions de rente mentionnés à l'article 17, cette caisse emploiera d'abord un et demi pour cent du capital des quatre et demi, à racheter de cette espèce de rente, pourvu toutefois qu'elle n'ait pas dépassé le pair.

À cet effet, le ministre des finances avertira au commencement

---

(1) Nous croyons que cette diminution du fond d'amortissement serait compensée, et peut-être avec avantage, par la disposition proposée par l'art. II du présent projet. Les six millions en question pourraient faire face au premier cinquième des indemnités.

de chaque mois l'administration de l'amortissement du montant des inscriptions à quatre et demi, faites dans le mois précédent.

Art. XX. Ce qui restera dans la caisse d'amortissement après les rachats qui viennent d'être indiqués dans l'article précédent sera employé a racheter des cinq pour cent, lorsque leur cours sera au-dessous du pair ou même au pair

Toute la-partie du fond d'amortissement qui n'aura point été employée au rachat des rentes, sera réunie aux sommes empruntées en vertu de l'art. 10, à l'effet de rembourser les cinq pour cent conformément à ce qui a été prescrit par l'article 11.

Art. XXI. Afin d'opérer conformément à ce qui vient d'être dit, il sera formé des séries d'environ cinq cents mille francs de rente (cinq pour cent), plus ou moins, suivant la possibilité. Chaque série sera composée des plus fortes inscriptions telles qu'elles auront été payées au 22 mars 1825. De cette manière, si l'État doit à une même personne six cent mille francs de rente, ce sera la première série; le chiffre immédiatement inférieur formera la deuxième et ainsi de suite. On suivra le même principe lorsqu'il faudra réunir plusieurs parties de rente pour former une série.

Art. XXII. Du moment où, par l'effet de l'emprunt ouvert par l'article 10, ou par les fonds d'amortissement, le ministre des finances aura la possibilité de rembourser une série, il proposera le remboursement à chacun des propriétaires des inscriptions qui composent la série, et ce remboursement sera effectué à l'égard de tous ceux qui n'auraient pas opté pour la conversion de leur titre en une inscription à quatre et demi.

TITRE IV.

Dispositions générales.

Art. XXIII. À l'avenir, lorsque l'État effectuera un emprunt, il sera affecté un fonds annuel spécial au paiement des intérêts des sommes empruntées, et en outre, un fonds d'un pour cent au moins, et d'un et demi au plus du capital emprunté pour faire face à son amortissement.

Art. XXIV. Des Ordonnances du Roi, des réglemens d'administration, des décisions du ministre des finances, détermineront les détails administratifs nécessaires à l'exécution de la présente loi, et préviendront les abus qui pourraient être le résultat de la faculté accordée à chaque receveur général et particulier, d'emprunter pour le compte de l'État.

Nous avons cherché à concilier, dans ce projet, les intérêts de l'Etat, ceux des établissemens publics possesseurs de rentes, ceux des rentiers dans une position faite pour inspirer un intérêt particulier; ceux des rentiers en général, en attribuant à l'amortissement de chaque espèce de rente, des sommes suffisantes pour les soutenir, et en donnant deux années aux établissemens publics pour acheter des cinq pour cent qu'ils conserveraient intacts jusqu'au 22 septembre 1835. Nous nous sommes également occupés des intérêts des indemnisés, en attribuant aux trois pour cent qui leur seront donnés, un amortissement particulier, et, sur-tout en destinant une somme égale à cet amortissement, en annuités qui, d'une part, soutiendraient d'une manière toute particulière la valeur des petites indemnités (1), et, d'une autre part, prêteraient leur appui à toutes celles qui n'excéderont pas trente mille francs de rente au capital d'un million.

Enfin, nous nous sommes rapprochés de celles des pensées du projet de loi sur la dette publique et l'amortissement, qui nous ont paru conformes aux vrais intérêts de l'Etat. Mais nous avons repoussé comme favorable à l'agiotage et comme devant avoir des suites funestes pour la prospérité publique, la conversion de la plus grande masse possible de rentes en quatre pour cent, dont les inscriptions ne porteraient que trois, et qui seraient livrées à 75 fr.; opération au moyen de laquelle l'Etat se reconnaîtrait débiteur d'une somme énorme qu'il ne doit effectivement point.

Si le projet que nous venons de proposer était adopté, le Gouvernement tendrait par cette marche simple vers la baisse,

---

(1) Il y aurait encore un moyen d'être utile aux indemnisés qui n'auront que de faibles sommes à recouvrer: ce serait d'arranger les choses de manière à ce que le Mont-de-Piété de Paris, et ceux des autres villes où il y en a d'établis, prêtassent à un intérêt modique, sur les reconnaissances d'indemnité qui n'excéderaient pas 10,000 fr. de capital.

(un peu lente, nous en convenons, mais constante et sûre), du taux général de l'intérêt de l'argent.

Des que la conversion des *cinq* en *quatre et demi* pour cent serait opérée, l'on s'occuperait de la réduction de cette rente en *quatre pour cent*, puis successivement en *trois et demi*, et enfin en *trois*.

Il ne faut pas perdre de vue que la réduction de chaque demi pour cent, sur les rentes dues par l'Etat, présenterait, au profit de la masse des contribuables, une économie de 14 à 15 millions. Il ne faut pas perdre de vue que par la combinaison au moyen de laquelle on donnerait *aux quatre pour cent*, le nom *de trois pour cent* qui seraient livrés à 75 fr., on laisserait entièrement échapper l'expectative pour l'Etat, d'une nouvelle économie de 28 à 30 millions, en supposant, comme le Ministère l'annonce, qu'on puisse parvenir un jour à faire baisser l'intérêt jusqu'à trois pour cent.

D'apres notre projet, l'Etat conserverait l'expectative de nouvelles économies sur le service de ses rentes; économies qu'il sera vraisemblablement dans le cas d'obtenir, si nous avons le bonheur de rester en paix, et si une marche sage de la part du Ministère laisse à la France l'essor qu'elle est disposée à prendre vers l'accroissement de sa prospérité.

FIN.

Imprimerie de MIGNERET, rue du Dragon, N.º 20.

www.ingramcontent.com/pod-product-compliance
Lightning Source LLC
Chambersburg PA
CBHW071433060426
42450CB00009BA/2163